Robert Sedlaczek

Österreichisch für Fortgeschrittene

Robert Sedlaczek

Österreichisch für Fortgeschrittene

Ein heiteres Lexikon
in Zusammenarbeit mit Melita Sedlaczek

Illustriert von Martin Czapka

Amalthea

Österreichisch – die Zweite!

Der Buchtitel »Österreichisch für Anfänger« schreit nach einer Fortsetzung, und diese kann nur so lauten: »Österreichisch für Fortgeschrittene«. Wer das erste Buch erworben hat, wird mit dem zweiten seine Freude haben und vielleicht da und dort sagen: Das hätte ich nicht gewusst. Wer wie Sie, liebe Leserin, lieber Leser, in dem zweiten Buch blättert, wird vielleicht Lust bekommen, das erste wieder zur Hand zu nehmen oder nachträglich zu erwerben. Ende der Werbeeinschaltung in eigener Sache.

In gewisser Weise ist »Österreichisch für Fortgeschrittene« eine Steigerungsstufe. Manche Wörter sind etwas ausgefallener, manche vielleicht sogar im Aussterben begriffen oder nur in einem bestimmten Bundesland oder einer Region verbreitet. Wieder andere fehlen in den Mundartwörterbüchern, solch vergesse Wörter sind *Nafta* oder *tschörteln.* Genau deshalb wurden sie in dieses kleine Buch aufgenommen. Auch einige Etymologien sind verzwickt – aber wer die Herkunft eines Wortes kennt, versteht es gleich viel besser.

Das Österreichische ist keine eigene Sprache, sondern »eine Varietät der deutschen Sprache«, wie es die Wissenschaft formuliert. Die in diesem Buch versammelten Wörter stammen nicht nur aus der Standardsprache – das ist österreichisches Deutsch im eigentlichen Sinn –, sondern auch aus der Umgangssprache und aus den Mundarten Österreichs.

Wörter wie *Lufthunderter* und *Blaulichtsteuer* sind relativ neu, sie stehen in einem direkten Zusammenhang mit der österreichischen Gesetzeslage – einem Ausländer werden sie seltsam vorkommen, sie zu erklären ist daher mit Blick auf diese Zielgruppe sinnvoll.

Zur Umgangssprache gehören Wörter wie *Gummiwuchtel* und *Heizschwammerl,* sie sind Neuschöpfungen, womit bewiesen ist, dass das Österreichische lebt und dessen Sprecher kreativ sind. Sogar Politiker sind manchmal erfinderisch, siehe die Wörter *arschknapp, Basiswappler* und *Vollholler.*

Außerdem haben wir seltene Mundartwörter aufgenommen, beispielsweise *blutt* oder *leischen gehen.* Ein Städter, der Urlaub am Bauernhof macht, könnte sie brauchen. Und nach Durchsicht dieses Büchleins wird er sich nicht mehr wundern, wenn er aus dem Mund der Einheimischen immer wieder den Satz hört: *Des is nid låb.*

Es war uns ein besonderes Anliegen, den alten Wiener Würstelstandjargon, der schon fast ausgestorben ist, zu dokumentieren: »A Paarl *Glåtte* mit an *Graißlaten* und an *Käu!*« In den Zeitungen findet man als Beispiele für diesen Jargon meist grausliche Mustersätze wie »a Eitrige mit an Gschissenen« – das sind jedoch Erfindungen der Journalisten, kein Standler redet so, und ich habe noch nie erlebt, dass bei einem Würstelstand ein Kunde auf diese Weise eine Käsekrainer mit einem Kremser Senf bestellt hätte.

Da das Österreichische zusammen mit dem Bayerischen einen großen Mundartraum bildet – das Alemannische einmal ausgeblendet –, sind viele Wörter nicht nur in Wien, Klagenfurt und Innsbruck in Gebrauch, sondern auch in München. Dazu gehören beispielsweise Ausdrücke wie *aussackeln, Bschoadpackerl, Hockenbleiber, Lotter, raunzen, Werkelmann* und *zizerlweis.* Zur Kontrolle haben wir das Manuskript in einer Rohfassung mit Ludwig Zehetners grandiosem Lexikon »Bairisches Deutsch« abgeglichen.

Jedenfalls will dieses Büchlein kein Lehrwerk sein. Es soll trotzdem in seiner Substanz den wissenschaftlichen Ansprüchen genügen, aber die Diktion der Germanisten vermeiden und gleichzeitig unterhalten. Die Illustrationen von Martin Czapka tragen das Ihrige dazu bei. Mit seinen Zeichnungen bekommt das eine oder andere Wort eine neue Nuance. Es sind wunderbare Wortspiele in Bildern, die dem Buch eine zusätzliche Dimension verleihen.

In diesem Sinn wünschen wir viel Vergnügen!

PS: Als Einstieg in die Thematik finden Sie – ähnlich wie im ersten Band – am Ende des Büchleins ein kleines Quiz. Nach dem Motto: Prüfe dich selbst! Die Fragen sind schwierig. Wer kann möglichst viele richtig beantworten, ohne vorher den Text zu lesen?

Almrausch

åbschasseln »Lass dich doch nicht von diesem Kerl åbschasseln!« Soll heißen: Lass dich nicht abwimmeln, lass dich nicht brüsk abfertigen. Das Wort hat weder mit Schas noch mit Scheiße etwas zu tun, es geht auf französisch *chasser* (= jagen) zurück.

akkordieren Ein Beispiel aus der Sprache der Politiker: Die Maßnahme ist mit dem Koalitionspartner akkordiert (= sie ist vereinbart). Sich mit jemandem akkordieren bedeutet: sich mit jemandem abstimmen. In Deutschland gelten beide Verwendungen als veraltet. Der Ausdruck kommt von französisch *accorder,* zu lateinisch *cor* (Genitiv: *cordis*) = Herz, Verstand, Gestimmtheit.

Allfälliges Letzter Punkt einer Tagesordnung. In Deutschland: Verschiedenes.

Almrausch, der Nein, das ist nicht die Folge eines übermäßigen Konsums von → Jagatee auf der Skihütte. In Österreich, Süddeutschland und Mitteldeutschland ist Almrausch die Bezeichnung für die in den Alpen vorkommende Pflanze *Rhododendron hirsutum.* Sie heißt botanisch korrekt nicht Almrausch, sondern Bewimperte Alpenrose und gehört zu den Heidekrautgewächsen. Der Almrausch ist giftig, in der Volksmedizin wurde er früher als Schmerzmittel verwendet, weil er aufgrund seiner toxischen Inhalte kurzfristig Rauschzustände hervorruft.

ånhiasln Der Mundartausdruck bedeutet: (a) sich extrem stark und unvorteilhaft schminken; z. B. **ånghiaslt wie ein Clown.** Oder: **ånghiaslt, dass es einer Sau graust.** (b) Sonst auch: eine Wand, eine Hausmauer bunt anstreichen. Spannend ist die Frage, woher das Wort kommt. Da oder dort

kann man lesen, der Ausdruck würde sich von Hias, also Matthias, ableiten – weil der Name früher das Synonym für einen einfach gestrickten Menschen war. Das ist ein Irrtum. Das Wort kommt aus dem Rotwelschen, also aus der im späten Mittelalter entstandenen Sprache gesellschaftlicher Randgruppen. Dort bedeutet ***Hiesel*** so viel wie Schminke.

ånlassig Wer mit diesem Attribut versehen wird, der ist sexuell aufreizend, ja sogar aufdringlich – sie oder er versucht einen Anlass für einen Sexualkontakt zu geben. Das Wort Anlass hat im Mittelalter eine Bedeutung gehabt, die heute nicht mehr präsent ist: Ort, von dem das Rennen ausgeht.

ånlassig

ånzipfen Zipf ist ein Ausdruck für das spitz oder schmal zulaufende Ende eines Tuches, eines Polsters oder einer Tuchent (siehe die Eintragung in »Österreichisch für Anfänger«). Ein **fader Zipf** ist ein Langweiler. Auch das Verb **ånzipfen** bedeutet nichts Gutes: Diese Håcken zipft mi' ån (= diese Arbeit nervt mich).

Apfelbutzen, der Gemeint ist das Kerngehäuse eines Apfels. Der zweite Bestandteil ist → Butz, ein altes Wort für Kobold. Nach einem Volksglauben soll sich im Gehäuse jedes Apfels ein Kobold versteckt halten. Das hat man früher nicht nur in Österreich, sondern auch in Bayern geglaubt. Die Redewendung **mit Butz und Stingel** bedeutet: ganz und gar, vollständig.

arschknapp »Das Rennen um Platz drei ist arschknapp«, sagte der Grünpolitiker und spätere Bundespräsident Van der Bellen im September 2016 zum Abschluss des Nationalratswahlkampfs, um potenzielle Grünwähler zu mobilisieren. Die Grünen konnten bei diesen Wahlen mit dem knappen Vorsprung von 532 Stimmen erstmals drittstärkste Kraft werden – vor der FPÖ. Hier dient arsch- als Verstärkung, gemeint ist also: sehr knapp. Vielleicht in Anlehnung an arschkalt (= sehr kalt). Negativ besetzte Wörter wie Arsch-, Hund- oder Sau- werden oft als Verstärker verwendet. Das hat dann nichts mit dem Hinterteil oder mit diesen Tieren zu tun. Hundemüde heißt nicht »müde wie ein Hund«, sondern »besonders müde«, »saugeil« heißt nicht »geil wie ein weibliches Schwein«, sondern schlicht und einfach: besonders geil. Aber dieses Stichwort wäre unvollständig, würden wir nicht auch auf die kleinste zeitliche und räumliche Maßeinheit in Österreich und in Bayern hinweisen: **ums Arsch-**

lecken. Wer ein paar Minuten zu spät am Bahnhof eintrifft, beklagt sein Schicksal: »Ich hab den Zug ums Arschlecken verpasst!« Ein anderer hat Probleme beim Beladen seines Autos: »Der Kasten geht ums Arschlecken nicht in den Kofferraum!«

ausgehen Die Redewendung **das geht sich aus** bedeutet in Österreich und Bayern: es reicht aus, es passt gerade noch. »Du brauchst mir kein Geld zu borgen, ich kann die Restaurantrechnung bezahlen, es geht sich aus.«

aussackeln Bedeutet in Österreich und in Bayern: jemanden um die letzte Barschaft bringen, ihm den letzten Cent aus dem Sack, also aus der Hosentasche, ziehen.

Bankl, das Redewendung: **a Bankl reißen.** Das bedeutet so viel wie sterben. Peter Wehle, dessen Buch »Sprechen Sie Wienerisch« leider viele falsche Etymologien enthält, erklärt den Ausdruck so: vermutlich ein Vergleich mit »Bank umreißen«. In der Tat bedeutet reißen in diesem Fall nicht umstoßen, sondern schreiben, zeichnen: Man denke an das Wort Reißbrett (= Zeichenbrett). Ein Bankl ist eine Totenbank. Nach demselben Muster sind einige ähnliche Wendungen gebildet: **einen Stern reißen** (eigentlich: sternförmig hinfallen), **eine Baröln reißen** (eigentlich: hinfallen und verletzt sein; von dem italienischen Wort ***barella,*** das Tragbahre bedeutet) und **eine Brezn reißen** (eigentlich: hinfallen und so wie das in Österreich und Bayern beliebte Gebäck auf dem Boden liegen).

Bärenfut, die Scherzhafte Bezeichnung für die Winterkopfbedeckung beim Bundesheer, aber auch ganz allgemein für eine Pelzmütze mit Ohrlappen, die hinauf- und hinuntergeklappt werden können. Spekulationen zur Wortherkunft werden gern entgegengenommen.

Bärenfut

Basiswappler, der Ein Funktionär, der sich an der Parteibasis die Füße aus dem Leib rennt – also wie ein Schmetterling herumflattert –, aber nur Befehlsempfänger ist. Der Ausdruck war 1994 eine scherzhafte Selbstdefinition des grünen Nationalratsabgeordneten Karl Öllinger in einem Werbespot seiner Partei. Der Kabarettist Thomas Maurer war Ideengeber. Ein **Wappler** ist ein unbedeutender Mensch.

Beserlpark, der Vielleicht deshalb, weil die kümmerlichen Bäume und Büsche eines derartigen Parks wie Besen ausschauen. Aber im alten Wienerischen war Beserl auch eine Bezeichnung für eine Geheimprostituierte. Unter anderem verkehrten diese im Park am Franz-Josefs-Kai, weshalb dieser als Beserlpark bezeichnet wurde – nachzulesen in dem 1868 erschienenen

Werk »Die Prostitution in Wien« des Polizeiarztes Josef Schrank.

Bissgurn, die Böse Bezeichnung für eine zänkische Frau. Spannend ist die Etymologie dieses Ausdrucks, der auch in Bayern in Gebrauch ist: Das Wort geht auf tschechisch ***piskoř*** (= Schlammbeißer) zurück, ein Fisch, der beim Ergreifen einen pfeifenden Laut ausstößt. Außerdem besteht vermutlich auch ein Zusammenhang zu den Wörtern Biss und Gurre (= schlechte Stute).

Blaulichtsteuer, die Verwaltungsgebühr, die zu zahlen ist, wenn die Polizei zu einem Verkehrsunfall ohne Personenschaden gerufen wird, damit sie den Unfall aufnimmt.

blutt Das in Tirol gebräuchliche Adjektiv bedeutet bloß, leer. Wenn jemand blutt ist, dann hat er kein Geld. Herkunftswort ist mittelhochdeutsch ***blutt,*** das auch nackt bedeutet hat.

Bosnigl, der Nigl ist eine Kurzform von Nikolaus. Ein Bosnigl ist in Österreich und

Bayern ein boshafter Mensch – er muss nicht unbedingt Nikolaus heißen.

Bradlfettn, die Ein **Bradl** ist ein Braten, und der erkaltete Saft wird **Fettn** genannt. Ein Brot mit Bradlfettn ist eine typische Kost beim Wiener Heurigen.

brocken Das Zeitwort wird in Österreich und Süddeutschland statt pflücken verwendet. Man kann aber nicht nur Ribisel (Johannisbeeren), Agraseln (Stachelbeeren) und Marillen (Aprikosen) brocken, sondern auch Schwammerln (Pilze).

Bröselfetzen, der In »Österreichisch für Anfänger« haben wir den Ausdruck Bröselteppich erläutert – das ist ein ganz dünn geklopftes Schnitzel mit einer überaus dicken Panier, also mehr Mehl, Ei und Brösel als Fleisch. Noch grauslicher ist ein Bröselfetzen, denn ein Fetzen ist ein Ausreibtuch.

Bröselmühle, die Das hat nichts mit der Zubereitung eines Wiener Schnitzels zu tun. Das Zeitwort **bröseln** wird in Österreich auch im Sinn von rasen, schnell fahren verwendet. Mühle ist im gesamten deutschen Sprachraum ein abwertender Ausdruck für ein Motorrad. Beides zusammen ergibt das Kompositum Bröselmühle: Vor allem Harley-Fahrer machen sich mit diesem Wort über ein Motorrad mit wenig Hubraum lustig.

Brunzerlspiel, das Ein Wort aus dem Jargon der Fußballfans. Die Spieler lassen es plätschern – aber nicht im Sinn von urinieren: das Spiel plätschert dahin.

Bschoadpackerl, das Wer in einem Gasthaus nicht alles aufessen kann, lässt sich den Rest in Folie einpacken. Früher gab es in Österreich und Bayern den Ausdruck Bescheidessen, der gut belegt ist: jener Teil eines Hochzeits- oder Taufessens, der für

Bröselmühle

die Zuhausegebliebenen bestimmt war, der ihnen also beschieden war. Das -ei- wird in den ländlichen Mundarten zu -oa-.

Budelhupfer, der Die **Budel** ist in Österreich und Bayern ein Verkaufstisch, ein Ladentisch. Der Budelhupfer steht hinter der Budel und wandert von Kunde zu Kunde. Redewendung: **etwas unter der Budel verkaufen:** etwas versteckt oder verbotenerweise verkaufen, zum Beispiel das Exemplar eines beschlagnahmten Magazins.

Buderl, das Existiert in verschiedenen regionalen Aussprachevarianten, in Kärnten

beispielsweise als Pudale. Das Wort ist aus italienisch ***bottiglia*** und friulanisch ***butiglie*** entstanden. Man versteht darunter entweder ein Schnapsglas, das meist flaschenförmig ist, oder eine kleine Flasche mit Schnaps, Öl oder Essig.

Busche, der In Tirol ein Schneegestöber oder ein Wind mit Regen und Schnee. Diese Bedeutungen vermerkt das »Wörterbuch der Tiroler Mundart« von Josef Schatz, erschienen 1955. Jeder merkt es sofort: Das Wort ist lautmalend. Man hört den Wind durch den Wald brausen.

Butz, der Ein altes Schimpfwort für einen Polizisten, vor allem in Tirol und in Kärnten. Es ist das gleiche Wort, das in → Apfelbutz(en) steckt. Der Polizist wird zum Kobold, zum Schreckgespenst erklärt.

Buderl

Damenspitz, der Eine weibliche Person hat ein klein wenig über den Durst getrunken; dies gilt als verzeihbar. »A Spitzal, a Schwipsal, a Räuscherl, a → Schweigerl, / sonst fühl ma uns nimmamehr wohl …« heißt es in einem Lied von André Heller und Helmut Qualtinger. Alle vier Ausdrücke beschreiben einen leichten Rausch.

damisch Das Adjektiv damisch, eigentlich täumisch, geht zurück auf althochdeutsch ***toum*** (= Dampf, Dunst, Rauch) bzw. auf taumeln. Es ist in Österreich und ganz Süddeutschland gängig. Wer damisch ist, der ist betäubt, benommen, schwindelig (der Wein håt mi gånz damisch gmåcht) oder dumm, verrückt.

Dolm, Tolp, Tolba, der Ein dummer, unbeholfener Mensch. Es gibt den Volksspruch: Dolm ist a Fisch, wie du oana bisch. Gemeint ist die Koppe oder Groppe *(Cottus gobio)*, ein Fisch, der einen großen, hässlichen Kopf hat, ein schlechter Schwimmer ist und sich ruckartig dicht über dem Boden der Flüsse bewegt. Der Süßwasserfisch wird auch Kaulkopf, Rotzkopf und Kaulquapp genannt. Das sind nicht gerade nette Bezeichnungen.

dudeln Das Dudeln ist die vorwiegend von Frauen praktizierte wienerische Variante des Jodelns – sie wurde von der UNESCO in das Verzeichnis des immateriellen Kulturerbes in Österreich aufgenommen. Der

dudeln

Dudler wird meist von verschiedenen Instrumenten wie etwa Klarinette, Gitarre oder Harmonika begleitet. Eine weitere Besonderheit des Dudelns ist, dass die Töne verschliffen werden, wie übrigens auch im Blues. Neuerdings haben Künstlerinnen wie Agnes Palmisano und Tini Kainrath zu einer Renaissance des Dudlers beigetragen.

einmargerieren In ein Glas oder in einen Tiegel zur Aufbewahrung legen. Redewendung: **Das kannst du dir einmargerieren!** Das kannst du behalten! Das ist für mich uninteressant! Das Wort hat nichts mit italienisch ***marge*** (= Rand) zu tun, wie Peter Wehle geglaubt hat. Herkunftswort ist ein in den Mundarten Tirols, Kärntens und Salzburgs belegter Ausdruck, nämlich **Marge:** ein kleiner Kasten für Esswaren, ein Küchenschrank. Die ursprüngliche Bedeutung war also: Das kannst du dir ins Kastl stellen, brauchen wirst du es nicht.

Einserkastl, das Im Journalistenjargon eine Kurzkolumne auf Seite eins der Tageszeitung »Der Standard«.

eintrankeln jemanden betrunken machen; auch: **sich eintrankeln,** also sich betrinken. Wer andauernd trankelt, der ist ein **Trankler.**

einweimberln, sich Wenn sich jemand bei einer anderen Person einweimberlt, dann will er sich bei dieser beliebt machen. **Weimberl,** eigentlich Weinbeere, ist die mundartliche Bezeichnung für Weintraube, aber auch für Rosine, also für eine getrocknete Weintraube.

Eislutschker, der Ein alter Ausdruck für Eis am Stil und schon fast ausgestorben. Lebendig in der Wendung **warmer Eislutschker.** Gemeint ist: etwas, das es nicht geben kann.

Feachn, die So nennt man in Osttirol die Sommersprossen. Das Wort geht auf mittelhochdeutsch ***vēch*** mit der Bedeutung mehrfarbig, gefleckt zurück.

Eislutschker

Federnball, der Nicht nur in der Ballsaison, sondern das ganze Jahr über aktuell: Wer auf den Federnball geht, begibt sich zu Bett und geht schlafen.

fortwurschteln Damit wird angeblich eine österreichische Geisteshaltung umschrieben: im alten Schlendrian, ohne Plan weiterarbeiten. Aber **wursteln,** also dasselbe Wort ohne Vorsilbe, gibt es auch in Deutschland. Die Experten vermuten neuerdings, dass die Wörter **wursteln, fortwursteln, weiterwursteln, herumwursteln** und die **Wurstelei** auf eine uralte Grundbedeutung des Wortes Wurst zurückgehen: wirres Gemengsel.

Füdla, das Reinhold Bilgeri und Michael Köhlmeier singen in dem Scherzlied »Füdlafetischist«: »He Psychiater, säg, wie nennt man des / die Luscht nach einem Frauengesäß? – Sie sind ein Füdla …, Sie sind ein Füdla …, Sie sind ein Füdlafetischist.« Der Sänger und der Schriftsteller ernten mit diesem Lied bei Auftritten in ihrer Heimat Vorarlberg großen Applaus. Ebenfalls im Alemannischen existiert eine Redewendung, die als verstecktes Götzzitat zu werten ist: **Kasch mr am Füdla blasa!**

Furchengänger, der Ein böses Schimpfwort der Städter für Landwirte, für Studenten der Universität für Bodenkultur und für die ländliche Bevölkerung insgesamt. Eine noch bösere Variante ist Furchenscheißer.

Furchengänger

Gassisackerl, das Wenn ein Hund beim Gassigehen Kot absondert, greift das Frauerl/das Herrl zum Gassisackerl und verwahrt darin den Kot. »Nimm ein Sackerl für mein Gackerl!«, sagte ein sprechender Hund in einer Informationskampagne der Stadt Wien. Und recht hat er.

Gegagogabolla, die So nennt man im Bregenzerwald die Antibabypille. Zerlegt man das Wort, ist die Erklärung einfach: **Gega** bedeutet gegen, **Goga** (sonst auch Goba, Gögl, Göbl, Gofa oder Gaggl) ist das Kind und **Bolla** ist die Pille.

Glaserer, der In Deutschland wird ein Vertreter dieses Berufs Glaser genannt. **War dein Vater Glaserer?** Das sagt man scherzhaft zu jemandem, der einem die Sicht verstellt.

Glåtte, die »A Paarl Glåtte und an → Käu!« Wer mit diesen Worten früher am Würstelstand bestellt hatte, der bekam ein Paar Frankfurter (= Wiener Würstchen) und ein besonders großes Stück Brot. Die beiden Ausdrücke sind alter Würstelstandjargon, der allmählich in Vergessenheit gerät. Statt eines Keils kann man auch einen Bugl bestellen – eigentlich Buckl, das ist ein Scherzl, also das Endstück eines Brotes.

Gmirlat, das Sie heißen medizinisch *Epheliden,* in »Österreich für Anfänger« brachten wir den Begriff guckascheckert und Guckascheckn. Nun blicken wir nach Salzburg und Tirol. Dort heißen Sommersprossen entweder Gmirlat oder Mirl, auch Merl. Herkunftswort ist das uralte Wort ***merlen:*** voll mit Pünktchen oder Flecken machen.

Gockelwerk, Göckelwerk, das Ein altes Wort – Marcel Hirscher verwendete es, als ihm sein verletzter Knöchel vorgaukelte, dass wieder alles in Ordnung ist: »Zum Freifahren tuat's, a bissl → Stanglfåhrn geht auch, aber das ist ein Gockelwerk. Das ist leider kein Rennfahren, das dauert noch seine Zeit.« Als der Volks-Rock'n'Roller Andreas Gabalier bei der Sendung »Herz von Österreich« auf Puls 4 und auch beim Amadeus Award nicht ausreichend beachtet wurde, klagten seine Fans im Internet: »Dieses Auswahlverfahren ist das reinste Gockelwerk!« Das seltene Wort ist eine Verballhornung von Gaukelwerk und bedeutet Gaukelei, Blendwerk.

Gössermuskel, der Ein beschönigender Ausdruck für Bierbauch. Gösser® ist eine eingetragene Biermarke der Brauerei zu Göss in der steirischen Stadt Leoben. Das Wort wurde durch eine Strophe des Liedes »Oben ohne« von Rainhard Fendrich popu-

lär. Ein sehr sportlicher Langer – »er passt in seinen Tanga / beinah nicht mehr hinein« – will in einem öffentlichen Schwimmbad den Mädchen imponieren. Er »zieht einfach den Gössermuskel vorsichtig ein« und geht »flockig« an der Damenwelt vorbei. »Da erwachen Gefühle, / er braucht dringend a Kühle, / schwimmen kann er ned geh / mid sein neichn Toupet. / Er ist oben ohne …«

Göte, Göti, der; Gote, Goti, Gota, Gotl, die In West- und Südösterreich sowie in Bayern ein Taufpate/Firmpate bzw. eine Taufpatin/Firmpatin. Vermutlich schon in vorchristlicher Zeit die Bezeichnung für einen Elternersatz.

Grammelpogatscherl, das Meist aus Germteig mit Grammeln (= Grieben) unter Zusatz von Wein gebacken. Früher gab es zweierlei Arten von Pogatscherln: süße (mit Zucker und Zimt) und gesalzene. Pogatsch geht zurück auf slowenisch ***pogača*** (= Kuchen, Weißbrot, Festtagsbrot) – mit vergleichbaren Ausdrücken in anderen slawischen Sprachen und im Ungarischen. Das Herkunftswort ist wohl lateinisch ***focacea.*** Das italienische Fladenbrot ***Focaccia*** und die französische ***Fougasse*** sind aus sprachlicher Sicht mit dem Pogatscherl verwandt.

Gred, die So wird in Österreich und Bayern die erhöhte, gepflasterte Stufe oder Antrittsfläche an der vorderen Längsseite des Bauernhauses genannt. Außerdem dient das Wort als Bezeichnung für den bühnenartigen Aufbau aus Brettern zum Straßenverkauf von Obst, Gemüse etc. Das Herkunftswort ist lateinisch ***gradus*** (= Stufe).

Griaßlerte, der Im alten Würstelstandjargon ein Süßer Senf. Er wird auch Kremser Senf genannt, weil im Umfeld von Krems schon im 15. Jahrhundert Senf aus Weinmost, Weinessig und Senfkörnern hergestellt wurde. Der Kremser Senf zeichnet sich dadurch aus, dass die Senfkörner nicht vollständig vermahlen sind, er ist also körnig wie Grieß. Verglichen mit dem Bayerischen Senf, der zur Weißwurst gereicht wird, ist er weniger süß und würziger. Heute ist Kremser Senf® eine Marke von Mautner Markhof. Der Süße Senf gehört neben dem Scharfen Senf (= Estragonsenf) zum Standardangebot am Würstelstand.

gschupft Dieses Adjektiv bedeutet im positiven Sinn munter und beweglich, im negativen Sinn verrückt, exaltiert. Gerhard

gschupft

Bronners »Der gschupfte Ferdl« trägt beispielsweise grün-gelb-gestreifte Socken.

G'speis' z'am! Ein heute praktisch ausgestorbener Gruß anstelle von → Mahlzeit! Eine Zusammenziehung von »Wünsche gut gespeist zu haben!« Eine laizistische Variante zu »Mahlzeit!«, das eine Kurzform von »Gesegnete Mahlzeit!« darstellt. Am Beginn eines Mahles sagt man auch heute noch: »Ich wünsche gut zu speisen!«

Gummiwuchtel, die Nicht unbedingt ein minderwertiger Fußball. Neuerdings dient das Wort auch als leicht abwertende oder scherzhafte Bezeichnung für zweierlei: für einen runden Aufstellpool aus Kunststoff – und für ein Schlauchboot.

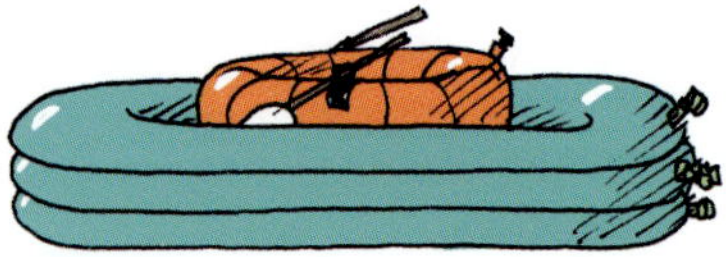

Haberer, der; Hawara, der Gehört zu jiddisch *chawer* (= Genosse) und hebräisch *ḥạver* (= Gefährte). Die Frau hat einen neuen Haberer: einen Verehrer, einen Liebhaber. Der Mann trifft seine Haberer: seine Freunde, seine Zechbrüder. **A Kiwara is ka Hawara!** – das ist ein reimender Scherzspruch, in dem ein alter Werbeslogan der Polizei konterkariert wird: »Die Polizei, dein Freund und Helfer!« (→ Kieberer)

Halbe, die So nennt man in weiten Teilen Österreichs und in Bayern einen halben Liter Bier. In Ostösterreich bestellt man hingegen ein **Krügerl Bier.** Redewendung: **Es hat 30 Krügel im Schatten!** Das ist eine scherzhafte Abwandlung von 30 Grad im Schatten – also: Es ist sehr heiß.

Sie und ihr neuer Haberer

Handkuss, der Ein angedeuteter Kuss eines Mannes auf den Handrücken einer Frau zur Begrüßung oder als Zeichen der Wertschätzung. »Küss die Hand schöne Frau, / Ihre Augen sind so blau, / tirili, tirilo, tirila!«, heißt es in einem Lied der EAV. Und später: »Fummel, fummel, gille, gille / Du nimmst eh die Pille!«. Auch der Kuss eines Gläubigen auf den an der Hand getragenen Ring eines geistlichen Würdenträgers wird so genannt. Dies ist ein Zeichen der Ehrerbietung. Typisch österreichisch ist aber nur die Redewendung **zum Handkuss kommen:** für etwas einstehen müssen, was andere verursacht haben; unschuldig zur Verantwortung gezogen werden. **Etwas mit Handkuss nehmen** sagt man im gesamten deutschen Sprachraum.

Seine alten Haberer

harb Ein vielschichtiges Adjektiv, das auch in Bayern gängig ist, es hat folgende Hauptbedeutungen: herb, bitter, karg. Im berühmten »Fiakerlied« von Gustav Pick wird eine zweite Bedeutung sichtbar: »I führ zwa harbe Råppen …« Die Pferde sind also lebhaft und kräftig. Auf Menschen bezogen wird damit jemand charakterisiert, der resolut ist: **a harbe Gretl.** Und **harbe Tanz** sind schwungvolle, rhythmusbetonte Tänze. Bleibt noch die Wendung **auf jemanden harb sein;** in diesem Fall hat das Wort die Bedeutungen böse, beleidigt, verärgert.

heideln Das ist in Österreich und in Bayern ein altes Zeitwort für schlafen, für schlummern. Es gehört eigentlich zur Kindersprache, wird aber auch von Erwachsenen verwendet: »Ich geh jetzt heideln!« oder »Ich mach jetzt ein Heiderl!«

Handkuss

Heizschwammerl, das Unter **Schwammerl** werden alle Pilze subsumiert, egal ob sie groß oder klein sind: Parasole, Steinpilze, Eierschwammerln, also Pfifferlinge. Aber der größte Pilz aller Pilze ist das Heizschwammerl: Es wird meist mit Gas betrieben und wärmt uns in der Übergangszeit, aber auch an Wintertagen.

Herzkasperl, der Eine Herzattacke, ein Herzinfarkt. In einigen Regionen Deutschlands ist die Form Herzkasper gebräuchlich; österreichisch ist also nur die Form mit der Endung -l.

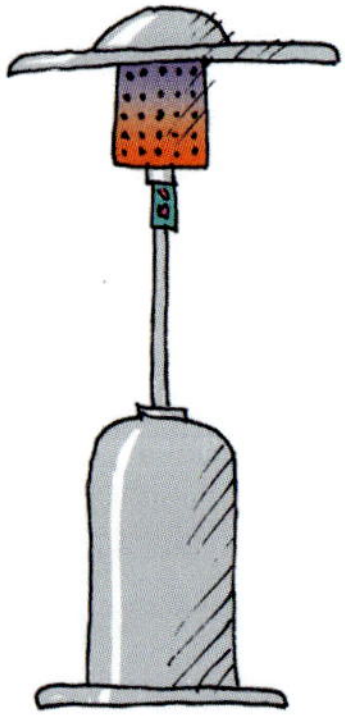

Heizschwammerl

Hirnwichser, der Ein Schimpfwort für jemanden, der besonders gescheit tut, auch für einen praxisfremden Intellektuellen. Das Zeitwort **wichsen** bedeutet dreierlei: (1) Schuhe mit Wachs bestreichen (2) unruhig hin und her fahren (**Wichserl** ist ein Kosewort für ein besonders lebhaftes Kind) (3) onanieren – von daher das allgemeine Schimpfwort **Wichser,** das auch in Deutschland in Gebrauch ist. Der Hirnwichser ist aber eine österreichische Spezialität.

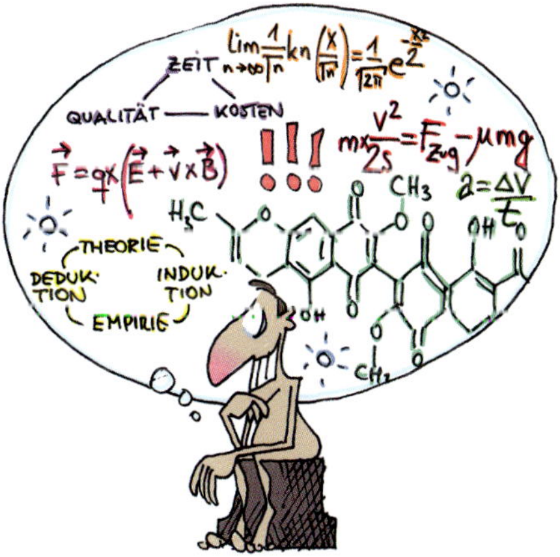

Hirnwichser

Hockenbleiber, der Jemand, der allzu lange im Wirtshaus, auf einer Party etc. bleibt; der notorisch letzte Gast – er wird auch in Bayern so bezeichnet.

hoppertatschig, hoppertatschert Die Herkunft des Wortes ist nicht eindeutig geklärt. Der erste Bestandteil erinnert an hopperla (= zu hoppen), der zweite hat wohl mit Tatsch zu tun, das ist ein schwerfälliger Mensch. Das Wort ist meist Teil einer Aufforderung: **Sei nicht so hoppertatschig!** Das bedeutet: Sei nicht so eingebildet! Stell dich nicht so ungeschickt an! Zier dich nicht so!

Hörndlbauer, der Ein Bauer, der vorwiegend Viehzucht betreibt. Das Wort wird auch in Bayern verwendet.

Hund, der Redewendung: **Da lasse ich lieber einen Hund auf die Knackwurst aufpassen ...** Der Gedanke »die Katze lässt das Mausen nicht« wird auf den Hund übertragen. Die Phrase wird verwendet, wenn jemand eine schlechte Gewohnheit nicht lassen kann. Finanzminister Rudolf Edlinger (SPÖ) hat einmal mit folgendem Satz Aufmerksamkeit erregt: »Ich würde eher meinen Hund auf meine Wurst aufpassen lassen als die ÖVP aufs Geld der Steuerzahler.« Es geht in der Wendung um einen Gegensatz, der seit dem Mittelalter Thema zahlreicher Anekdoten und Schwänke ist: Natur geht vor Lehre.

Intrigantenstadl, der Eine Firma oder eine Institution, in der viel intrigiert wird. Das

Hörndlbauer

Wort ist nach einer TV-Sendung des ORF gebildet, in der volkstümliche Musik dargeboten wird: »Musikantenstadl«. Übrigens: Stadel ist in Österreich und Bayern das gängige Wort für Scheune.

Jagatee, der Eigentlich Jägertee. Ein heißer Schwarztee mit Inländerrum. Beliebtes Getränk auf Skihütten. Das Wort ist von der EU als österreichische Spezialität geschützt. Wird in Deutschland ein derartiges Produkt in den Verkauf gebracht, muss es anders heißen: Hüttentee oder Förstertee.

Janker, der Ursprünglich ein kurzes Obergewand für Frauen, heute in Österreich und Süddeutschland eine Trachtenjacke, meist aus gewalktem Stoff oder gestrickt, mit farbigem Besatz und Horn- oder Metallknöpfen.

Kampfmannschaft, die In Österreich und Süddeutschland die erste Mannschaft eines Fußballklubs. Unter dem Begriff Reserve versteht man die zweite Mannschaft. Aber auch diese kämpft um Siege.

Kapaunerfettn, die So wird scherzhaft der Fettansatz bei älteren Männern genannt. Ein Kapaun ist ein gemästeter, kastrierter Hahn.

Käu, der; Keil, der Wer am Wiener Würstelstand einen Käu bestellt, das ist dasselbe wie ein Keil, der bekommt ein größeres Stück Brot oder ein Scherzl – wenn der Standler den alten Mundartausdruck, der auch in Bayern vorkommt, noch kennt. Neuerdings auch für einen scharfen Spitz-Pfefferoni.

keppeln Das sagt man zu jemandem, der fortwährend schimpft und keift. **Keppelweib** und **Keppelzahn** erwecken den Eindruck, dass nur Frauen keppeln. In Bayern eher köppeln oder koppen: Letzteres bedeutet auch rülpsen.

Kieberer, der Schimpfwort für einen Polizisten. Das Wort hat eine lange Geschichte. Ursprünglich waren damit Polizisten gemeint, deren Aufgabe es war, Prostituierte zu kontrollieren, später in der Fachsprache der Polizei die Kriminalbeamten. Das ist auch heute noch so. Im allgemeinen Sprachgebrauch ist Kieberer inwischen ein abwertender Ausdruck für einen Polizisten jeder Art.

Kittelfalte, die Eine Falte im Damenrock. Kommt vor allem in einer Redewendung vor: **Er hängt an ihrer Kittelfaltn.** Das Wort Kittel ist auch in Bayern mit dieser Bedeutung in Gebrauch.

Körndlbauer, der Ein Bauer, der vorwiegend Getreidebau betreibt. Auch im Bayerischen.

Körndlfresser, der Abwertend, und zwar für jemanden, der sich überwiegend von Getreide, Körnern, Nüssen, Müsli etc. oder

Kieberer

rein vegetarisch ernährt. Auch die Bayern reden so.

Körndlkost, die Ebenfalls abwertend, und zwar für die Nahrungsmittel eines → Körndlfressers.

kralawatschert/kräulerwatschert Da stecken die Wörter kräulen (= langsam kriechen) und watscheln (= unsicher gehen) drinnen. Wer sich so fortbewegt, der hinkt also. Aber es gibt auch kralawatscherte Sachen, also hinkende, sprich verworrene Geschichten.

Kraxen, die Das in Österreich und Bayern bekannte Wort hat viele Bedeutungen, ursprünglich war eine Rückentrage gemeint,

Kittelfalte

heute wird damit vor allem ein klappriges Auto so bezeichnet. Wenn aber jemand sagt: »Mach deine Kraxen drunter!«, dann ist das eine Aufforderung, eine Unterschrift zu leisten.

Kren, der Diesen nennt man in der Mitte und im Norden Deutschlands Meerrettich. Das Wort Kren geht zurück auf mittelhochdeutsch ***krēn(e)***, aus slawisch ***chrěnъ***, tschechisch ***křen*** oder einem entsprechenden Wort aus dem Sorbischen. Redewendung: **überall seinen Kren dazugeben:** immer ungefragt und penetrant seine Meinung kundtun. Wer das in Oberösterreich tut, der ist ein **Krenbeutel;** gesprochen: Krenbeidl.

kurazeln Diesen Ausdruck habe ich in dem Buch »Sprechen Sie Steirisch?« gefunden.

Kraxen

Es bedeutet dasselbe wie pudern. Das Herkunftswort ist kroatisch ***kurac*** (= Penis). Die merkwürdige Etymologie von pudern haben wir ausführlich in »Österreichisch für Anfänger« besprochen.

låb, låwe Wer in Salzburg Urlaub macht, hört immer wieder **des is nid låb** – und wundert sich über die Bedeutung. Gemeint ist: Das ist nicht so schlecht. Viele rätseln, woher das Wort kommt. Die Antwort ist einfach: Wir haben es mit einer Mundartvariante des Adjektivs lau zu tun: weder warm noch kalt (von Flüssigkeiten), mild (von der Luft, von der Witterung), in nicht einschätzbarer Weise unsicher, unentschlossen, halbherzig (von Menschen). Von diesen Charaktereigenschaften ausgehend ist es zu einer drastischen Bedeutungsverschlechterung gekommen. Johann Andreas

Kren

Schmeller vermerkt schon im 19. Jahrhundert in seinem »Bayrischen Wörterbuch« zwei Varianten – ***labet*** mit den Bedeutungen einfältig, läppisch und ***låb*** mit den Bedeutungen abgeschlagen, matt; zuwider, unlieb. In der Tiroler Mundart bedeuten **låb** und **låwe** nicht nur lau, sondern auch matt, wenig wert, in der Kärntner Mundart heißt **låpat** lau, abgeschmackt, kindisch.

Låtsch, der Ein allzu gutmütiger Mensch, jemand, der sich alles gefallen lässt. In Bayern ist der Lätsch ein kraftloser, weinerlicher Mensch. Langer Lulatsch ist gesamtdeutsch. Als Lulatsch bezeichnen beispielsweise die Berliner ihren Fernsehturm.

Lavendelschmäh, der Das ist ein billiger (Verkaufs-)Trick. Früher verkauften Frauen auf der Straße Lavendel. Sie boten ihre

Ware mit Gesang an: »Kaufts an Lavendl, / fuffzg Groschen a Büschal Lavendl, / an Lavendl hätt ma då, / wea kauft ma an å.«

lei losn Das Wort lei ist in Kärnten, Tirol und Teilen Salzburgs oft zu hören, es bedeutet: nur, bloß. Weithin bekannt ist die Redewendung lei losn: nur nicht aufregen, nur nicht anstrengen, einfach laufen lassen. Es heißt, dass mit dieser Floskel eine Lebenseinstellung der Kärntner umschrieben wird. Auch in einem Tiroler Volkslied taucht das Wort aus: »Tirol is lei oans, is a Landl a kloans, is a schians, is a feins, und dös Landl is meins.« Tirol ist also einmalig …

Lei-lei Dieser Narrenruf erschallt beim »Villacher Fasching«, der jedes Jahr vom ORF in die Haushalte übertragen wird. Leicht zu erklären ist der Villacher Nar-

Lei-lei

renruf. In einem Kärntner Beleg aus dem Jahr 1862 heißt es: »Bin a lustiger Bua, bin a Karner lei lei, wo a scheans Dirndle is, is der Karner dabei.« Karner ist ein altes Wort für den Kärntner. Etwa zur gleichen Zeit schreibt ein Kärntner Autor, »Karner lei-lei« sei »ein Spottausdruck für uns Kärntner«.

leischen gehen, auf die Leisch gehen: Ein mundartlicher Ausdruck für ausgehen, sich vergnügen. Ein **Leischer** ist ein streunender Hund – und ein sexbesessener Mann. Es gibt auch eine weibliche Form: die **Leischen.**

Lotter, Loter, der In Österreich und Bayern ein schillernder Begriff. Einerseits kann damit ein Mann oder ein Bursch gemeint

A Karner lei-lei …

sein, aber Achtung! Das Wort bedeutet auch Geliebter sowie Schürzenjäger und wird manchmal sogar im Sinn von Lump, Hallodri verwendet.

Lozelach, Lotselach, die Dieser Ausdruck aus dem Jiddischen, im Deutschen ein Pluralwort, ist heute beinahe vergessen. Um die Wende zum 20. Jahrhundert war das anders. In Wien erschienen kleine Hefte mit Witzen, gesammelt von jüdischen Autoren, oft auch zu Sammelbänden gebunden. Sie trugen Titel wie »500 Lozelech. Maisses. Koschere Schmonzes, pickfeine Schmüs für ünsere Leut'«. Die Wörter Lozelach und Lozzele (= Bonmot, harmloser, kleiner Witz) sind verwandt mit *lez* (= Spötter, Verächter von Religion und Sitte). **Erzähl mir keine Lozelach!** bedeutet: Sprich nicht von Dingen, die mit den Themen, von denen wir gerade reden, in keinem Zusammenhang stehen! **Mach keine Lozelach!** bedeutet: Mach keine Umstände!

Lüfterl, das Die Verkleinerung von Luft bedeutet so viel wie Lufthauch, schwacher

Wind, leichte Brise. **Mailüfterl** ist einerseits ein schwacher, lauer Wind im Mai, andererseits der Spitzname des ersten vollständig mit Transistoren arbeitenden Computers auf dem europäischen Festland. Er wurde ab 1955 an der Technischen Universität Wien von Heinz Zemanek gebaut.

Lufthunderter, der Kein 100-Euro-Geldschein, der sich in Luft auflöst. Der Lufthunderter ist eine Geschwindigkeitsbeschränkung auf Autobahnen. Nach dem Immissionsschutzgesetz für Luft (IG-L) ist die vorgeschriebene Höchstgeschwindigkeit 100 km/h.

Lungenbraten, der Wenn Touristen den Ausdruck wörtlich nehmen, denken sie vielleicht an ein Lungenhaschee. Aber ein Lungenbraten ist ein Filetsteak. Das Wort leitet sich von mittelhochdeutsch ***lumbel, lummel*** ab, das ist Lendenfleisch. Es geht auf lateinisch ***lumbus*** zurück – es hat Lende bedeutet. Im Volksmund wurden diese Wörter zu Lunge umgeformt. Um Touristen an der Nase herumzuführen?

Mahlzeit! In Österreich auch eine Grußformel. Grob gesprochen zwischen 11 Uhr und 14 Uhr wird in Großbetrieben, in Behörden etc. ein Kollege mit »Mahlzeit!« gegrüßt. Damit ist Österreich wohl das einzige Land, in dem ein Wort, das für den Beginn eines Essens bestimmt ist, als Grußformel dient. Eigentlich verkürzt aus »Gesegnete Mahlzeit!«.

måtschkern Hat eine ähnliche Bedeutung wie → sudern und → tschentschen. Wer dies fortwährend tut, der ist ein **Måtschkerer.** Angeblich ist das Måtschkern eine Lieblingsbeschäftigung der Wiener. Ein **Måtschker** ist eine breiige, unappetitliche Masse, aber auch der Pfeifensaft; zu tschechisch ***omáčka*** (= Sauce).

menscherln gehen Den Mädchen nachsteigen. Das Mensch (Mehrzahl die Menscher) ist in vielen Mundartregionen die Bezeichnung für eine junge, unverheiratete weibliche Person – ohne abwertenden Unterton.

Moar, der Der Mannschaftsführer beim Eisstockschießen – auch in Bayern. Er weist die Mitglieder seiner Mannschaft an, wohin sie zielen sollen. Zu mittelhochdeutsch ***meier*** (= jener Bauer, der im Auftrag des Grundherrn die Aufsicht über die Bewirtschaftung der Güter führt; zu lat. ***maior*** = der Größere, der Vorsteher).

mulatieren Das Wort kommt in »Die letzten Tage der Menschheit« von Karl Kraus häufig vor und bedeutet so viel wie ausgiebig feiern. Redewendung: **einen Mulatschag machen.** Der Mulatschag ist ein ausgelassenes Fest, bei dem am Ende vielleicht sogar das Geschirr zertrümmert wird. Das ungarische Herkunftswort bedeutet Belustigung.

nachtarockieren, nachtarocken: Eine Unart am Kartentisch: Das Spiel ist zu Ende, aber es wird ewig darüber geredet, welches Ergebnis bei einer anderen Blattverteilung oder einer anderen Spielweise eingetreten wäre. Auch im übertragenen Sinn: über vor Kurzem eingetretene Ereignisse, die nicht mehr zu ändern sind, lange diskutieren. Da in Vorarlberg nicht tarockiert, sondern gejasst wird, sagt man dort **nachjassen.**

Nafta, das Redewendung: **Das ist Nafta!** Vermutlich wissen nur die Älteren, was diese Phrase bedeutet: Das ist Dreck! Das ist minderwertiges Zeug! Das Wort ist aus dem Persischen über das Griechische in die deutsche Fachsprache gelangt. Es bedeutet in Tschechien und in der Slowakei Dieselkraftstoff, in Slowenien, Kroatien und Serbien Erdöl. Die negative Bedeutung rührt von daher, dass früher Naphtha, das nicht raffinierte Rohöl, sowohl Schwefel als auch Mineralteer enthielt, also ein äußerst dreckiger Treibstoff war. Inzwischen werden die schädlichen Stoffe aus dem Diesel entfernt.

Nationale, das In der Amtssprache der Polizei Angaben zur Person; unterschieden in das Kleine Nationale, welches lediglich Name und Geburtsdaten enthält, sowie das Große Nationale, welches zusätzlich Angaben zu Adresse, Beruf, Einkommens- und Vermögensverhältnissen und Telefonnummer beinhaltet.

neger sein Ein politisch nicht korrekter Ausdruck für pleite sein. Ein Negerant ist ein Pleitier.

Neidgenossenschaft, die So sehen wir uns selbst: Österreich ist ein Land, in dem angeblich der Neid die wichtigste Triebfeder des Handelns ist. Deshalb gibt es dafür ein eigenes Wort, die Deutschen haben keinen vergleichbaren Ausdruck.

Nestscheißerl, das Für die älteren Geschwister ein Horror! Nestscheißerl ist das jüngste Kind, das verwöhnt wird.

no na ned Es gibt Dutzende No-na-Witze, sie dürften jüdischen Ursprungs sein. Salcia Landmann führt in ihrem Bestseller »Der jüdische Witz« zahlreiche an: Sagt ein Gast im koscheren Restaurant: »Kellner, der Salat glänzt ja vor Öl!« Der bärtige Kellner: »No na – vor Talmudgelehrsamkeit.« Einige dieser Witze setzen nicht das jüdische Milieu voraus: Gast im Restaurant: »A Kalbsbrust.« Kellner: »Mit Salat?« Gast: »No na – mit Büstenhalter.« Oder ein Dialog beim Kartenspiel: »Du schaust mir in die Karten.« – »No na, hasardieren werd ich.« No na ned ist eine Variante mit dreifacher Verneinung. Sie wird verwendet, wenn jemand etwas ganz Selbstverständliches gesagt hat. »Die Wetterkapriolen sind eine Folge der Erderwärmung.« – »No na ned.«

Obi Leitung Die Abkürzung Obi bedeutet **O**bstverwertung **Bi**schofszell, Kanton Thurgau, Schweiz. Aber heute stammen die

Äpfel zum größten Teil aus dem Ybbstal. Wer einen Apfelsaft mit Leitungswasser trinken möchte, bestellt beim Kellner »Obi Leitung«.

Ohrwaschl, das Im wörtlichen Sinn die Ohrmuschel bzw. das ganze Ohr – auch in Bayern. Im Straßenverkehr ein Gehsteigvorbau an Kreuzungen oder bei Haltestellen als verkehrsregulierende Maßnahme. Im Journalistenjargon eine Kurzkolumne auf Seite eins der Tageszeitung »Kurier«.

Ökoschmäh, der Von den zahlreichen Bedeutungen des Wortes Schmäh – siehe »Österreichisch für Anfänger« – geht es hier um Trick, Irreführung. Gemeint ist eine Maßnahme, die nur scheinbar der Umwelt hilft, oder um Produkte, die nur vorgeben, der Umwelt zu dienen.

p. t. Diese Abkürzung bedeutet ***pleno titulo,*** lateinisch für: mit vollem Titel. Wird dann verwendet, wenn akademische Titel nicht bekannt sind. In Gerhard Bronners »Der → gschupfte Ferdl« heißt es: »Bei der

Garderobe sehen sie ein großes Schild: ›Die p. t. Gäste werden höflichst gebeten, / die Tanzlokalität ohne Messer zu betreten.‹ Worauf der gschupfte Ferdl ohne lange zu reden / sein Messer deponiert: / ›Die Mitzi håt im Taschl eh noch ans drin.‹«

Pantscherl, das Ausgangspunkt ist das Verb panschen: zwei Flüssigkeiten vermischen und dadurch das Getränk verfälschen. Man kann also davon ausgehen, dass ein Pantscherl zunächst eine Mesalliance, eine unglückliche Verbindung von Partnern war, die nicht zusammenpassen. Im Laufe der Zeit hat sich die Bedeutung ins Positive gewandelt: Heute verstehen wir

Pantscherl

unter Pantscherl einen Flirt, eine Liebelei. Ob was draus wird, stellt sich später heraus.

Påtschåchter, der Ein unbeholfener, ungeschickter Mensch wird so genannt, bei einem Kind oft liebevoll: »Du bist mir ein Påtschåchter!« Der erste Bestandteil stammt aus dem Zeitwort patschen (= schwerfällig gehen); der zweite Bestandteil ist eine Nebenform zu norddeutsch *after* (= hinterher). Also eigentlich: einer, der hinterherpatscht.

påtschert Wer in Österreich oder Bayern dieses Attribut bekommt, ist unbeholfen und ungeschickt. Er patscht durch die Gegend.

påtschert

Pawlatschentheater, das Die Pawlatsche – von tschechisch ***pavlač*** – ist ein gangartiger Hofbalkon, von dem aus die Wohnungen eines Hauses zugänglich sind. In Bayern wird ein wackeliges Brettergerüst Paberlatschen genannt. Das Pawlatschentheater ist ein Theater auf einer Bretterbühne, diese ist meist im Freien.

pipifein Wenn etwas ganz wunderbar, ja geradezu traumhaft ist, dann verdient es dieses Attribut. Mit Pipi, also Urin, besteht wohl kein Zusammenhang. Das Wort pipifein ist gleichbedeutend mit dem aus dem Norden Deutschlands stammenden Ausdruck piekfein. Vielleicht ist jemand in Österreich auf die Idee gekommen, eine scherzhafte Variante zu kreieren: mit einem neuen ersten Wortbestandteil, der an ein Pipihendl erinnert. Jedenfalls ist pipifein ein lupenreiner Austriazismus, der auch im »Österreichischen Wörterbuch« zu finden ist.

Posthornton, der Redewendung: **wie ein eingefrorener Posthornton klingen** Das sagt man über eine Aussage, die schon oft zu hören war und deshalb keine Beachtung verdient. Die Wendung spielt offenbar auf eine von Münchhausens Lügengeschichten an: An einem kalten Wintertag gefrieren die Töne im Posthorn eines Kutschers; später taut das Horn in der Schenke auf und gibt die Musik von sich. Die Redewendung vom eingefrorenen Posthornton ist jedoch nur in Österreich in Gebrauch.

Potschamperl, der So nannte man früher in Österreich und Bayern einen Nachttopf. Gehört zu französisch ***pot de chambre.***

Privilegienritter, der Auch ein typisch österreichischer Ausdruck. Gemeint ist jemand, der Privilegien ausnützt. Kein edler Ritter also.

Prozesshansl, der Jemand, der gern und oft prozessiert. Da Hans ein häufiger Vorname ist, wird er für derartige Ausdrücke verwendet, vor allem in Österreich und in Bayern.

Püß, der Mundartliche Lautung von Pilz, aber gemeint ist nur der Steinpilz, ein besonders edler Pilz. Alle anderen Pilze heißen **Schwamma.**

Quargel, der Meist im Plural: die Quargeln. Ein stark riechender, um nicht zu sagen stinkender Käse aus Sauermilch, der besonders fettarm ist. Das Wort stammt aus dem Sorbischen, eine westslawische Sprache, die in Deutschland in der Lausitz gesprochen wird. Quargel geht auf sorbisch ***twarog*** zurück – genauso wie das Wort Quark, das allerdings in Österreich verpönt ist. Dieses Milchprodukt nennen wir Topfen.

Ratschnbua, der Ein Knabe, der die **Ratsche** betätigt – er zeigt damit den Beginn der Messe an, wenn vor Ostern die Glocken

Privilegienritter

nicht geläutet werden. Die Ratsche – das Wort ist auch in Süddeutschland in Gebrauch – ist ein hölzernes Instrument, das laute, knarrende Geräusche erzeugt. Aber **ratschen** bedeutet auch: viel und schnell reden, ohne Substanz reden. Ratsche ist ebenso eine Bezeichnung für eine tratschsüchtige Frau.

raunzen In Wien soll es besonders viele **Raunzer** geben, aber wer weiß, ob das stimmt. Das Wort raunzen geht zurück auf althochdeutsch ***rūnezōn*** mit der Bedeutung murren. Es wird auch in Bayern mit derselben Bedeutung wie in Österreich verwendet: weinerlich klagen, nörgeln, dauernd unzufrieden sein. Die Bedeutung in den anderen Teilen Deutschlands variiert davon: laut und grob schimpfen.

Redhaus, das Jemand, der gut und gern redet, aber auch ein Ausdruck für einen Schwätzer. Man sagt also: **Er ist ein altes Redhaus.** Im Mittelalter war ***redhūs*** jener Ort im Kloster, wo Gespräche mit Laien stattfanden.

Restfetten, die Fetten ist ein Synonym für Rausch. Restfetten ist der Restalkohol und seine Folgen. Redewendung: **Er schwimmt noch in seiner Restfetten:** Er kämpft noch mit den Folgen des Alkoholkonsums vom Vortag.

reversieren Kommt von französisch *reverser* (= wieder nachgießen, zurückgießen). In abgewandelter Bedeutung hat das Wort in die Sprache der Autofahrer Eingang gefunden: »Sie müssen reversieren!« Das bedeutet: Sie müssen rückwärtsfahrend wenden.

Roas, die Die mundartliche Variante für das Wort Reise, aber mit erweiterter Bedeutung: Lokalrunde. Deshalb bedeutet **a**

Roas måchen so viel wie ausgehen und in mehreren Gaststätten Halt machen. Wenn eine Damenrunde dies tut, spricht man von einer **Weiberroas.** In manchen Gegenden treffen sich die Frauen des Ortes am Nachmittag des Faschingsdienstags kostümiert, um gemeinsam zu feiern. Heute wird Weiberroas auch für einen gemeinsamen Urlaub von Frauen verwendet – ganz ohne männliche Begleitung.

roglert Bedeutet in Österreich und Bayern locker, wackelig. Wenn Erdreich roglert wird, dann gerät es ins Rutschen. Der Ausdruck geht auf ein im Mittelalter gängiges ***rogel*** (= locker) zurück. Das Zeitwort rogeln bedeutet locker aufschichten, lockern. Im übertragenen Sinn versteht man unter roglert: unruhig, aufgeregt: **Ich werd gleich roglert!** Aber auch: **Da wird einem das Herz roglert:** Es wird einem warm ums Herz.

Röhrl, das Ein Strohhalm, mit dem ein Getränk saugend konsumiert wird. Aber wenn ein Österreicher oder Bayer sagt: »Ich musste ins Röhrl blasen ...«, ist er in eine Polizeikontrolle geraten. Beim Alkotest bläst man so lange in das Mundstück, bis das Testgerät einen Piepston von sich gibt. Dann gibt der Polizist das Ergebnis bekannt.

Rotzglöckerl, das Jetzt wird es ein bisserl grauslich: Nasenschleim, der glockenförmig aus der Nase rinnt. Da möchte man schnell ein → Sacktüchl hinüberreichen. Gilt auch für erkältete Menschen in Bayern.

Säckelwart, der Umgangssprachliche Bezeichnung für jemanden, der in einem Verein die Kassa führt. In Deutschland: Kassenwart. Scherzhaft auch für den Finanzminister. Der Wortherkunft nach ist eine Verwandtschaft mit → aussackeln feststellbar: Sack geht auf lateinisch *saccus* zurück, Säckel auf lateinisch *sacellus* – die

Rotzglöckerl

Verkleinerungsform von ***saccus.*** Schon die alten Römer bezeichneten mit dem Wort ***sacellus*** einen Geldbeutel.

Sacktüchl, das Als Taschentücher noch aus Stoff und nicht aus Papier waren, holte man aus dem Hosensack ein Sacktüchl hervor. Das Wort war in Österreich und Bayern weit verbreitet, stirbt aber aus – weil Stofftaschentücher kaum noch verwendet werden. Dabei hole ich auch die Papiertaschentücher aus dem Hosensack.

Sauglocken, die Redewendung: **die Sauglocken läuten.** Dies bedeutet in Bayern und Österreich Zoten reißen, zweideutige oder obszöne Witze erzählen, also Witze, die man als schweinisch bezeichnen kann; auch **sauigeln** oder **schweinigeln** genannt.

Schafseckel, der In Vorarlberg ein böses Schimpfwort. Seckel ist eine Umschreibung für den Hodensack.

Scherzl, das Das Endstück eines Brotes wird in Österreich und Bayern als Scherzl bezeichnet. Redewendung: **Hast du heut in der Brotdosen geschlafen – bei den lustigen Scherzln?** Das sagt man über jemanden, der zwanghaft Scherze von sich gibt.

Schlaucherl, das In Österreich ein listiger Mensch, der es mit der Wahrheit nicht so genau nimmt. Inhaltlich beinahe deckungsgleich mit Schlaumeier. Das Schlaucherl hat auch dieselbe Wortherkunft. Es kommt vom Adjektiv schlau, nicht vom Substantiv Schlauch. Aber das Wort Schlauerl wäre nicht so einfach auszusprechen.

Sauglocken

Schlieferl, das Einer, der überall hineinschlüpft, ein kriecherischer Schmeichler also. Anton Kuh hat diesen Menschenschlag so beschrieben: »Ein Bevölkerungsmolekül, das vermöge geringen spezifischen Gewichtes und mit noch geringerer Berechtigung durch alle Poren von Klasse, Beruf, Gesellschaft ›hindurchschlüpft‹. Ein Schlüpferl.«

Schlurf, der Eigentlich einer, der überall hineinschlüpft. Im Nationalsozialismus wurden mit diesem Wort Jugendliche bezeichnet, die sich heimlich trafen, um Jazzmusik zu hören, und deswegen verfolgt wurden; in den 1950er-Jahren allgemein für Jugendliche, die von den gesellschaftlichen Normen abwichen.

Schafseckel

Schmafu, der Ein unsinniges Gerede wird im Osten Österreichs so genannt. Es handelt sich um eine Verballhornung des französischen Satzes *je m'en fous* (= ich mach mir nichts draus). **Red keinen Schmafu!** heißt: Rede keinen Unsinn!

schnackseln Das Wort ist inzwischen nicht nur in Österreich, sondern auch in Süddeutschland in Gebrauch. Gloria von Thurn und Taxis meinte einmal im deutschen Fernsehen, den Grund für die Ausbreitung von Aids in Afrika entdeckt zu haben. Sie meinte: »Der Schwarze schnackselt gerne.« Der Ausdruck schnackseln klingt nicht so ordinär wie das viel ältere Wort pudern, dessen Etymologie wir in »Österreichisch für Anfänger« erläutert haben. Vermutlich ist schnackseln eine Weiterbildung

Schlaucherl

von schnackeln und schnaketzen (= einen schnalzenden Laut verursachen). So gesehen ist schnackseln ein lautmalendes Wort.

Schrofen, Schroffen, der Ein steiler Fels, eine felsige Klippe, man merkt die Verwandtschaft mit dem Adjektiv schroff. Oft als Name von Bergen oder Berghütten. Wamperter Schrofen heißt ein Berg der Mieminger Kette, unweit von Innsbruck. Ein Mundartsprecher würde sagen: blader Felsen.

Schübling, der In Vorarlberg eine Wurst, die gegrillt, gebraten oder in Wasser gebrüht wird, vergleichbar mit einer Knackwurst. Vielleicht heißt sie deshalb so, weil das Brät in die Saitlinge hineingeschoben wird.

Schwabo, der Eigentlich Schwabe. In Kroatien und Serbien ist dies die Bezeichnung für Deutscher. Heute ein Schimpfwort, das Migranten aus den Balkanländern oder aus der Türkei für Österreicher verwenden. Schwabo ist das Gegenstück zu → Tschusch.

Schweigerl, das Gehört zu dem mittelalterlichen Wort ***swelgen,*** das schlucken und trinken bedeutet hat. Gemeint ist ein leichter Rausch.

Schwips, der Ebenfalls ein leichter Rausch. Das Wort kommt von schwippen, mit Ablaut von schwappen gebildet. **Schwups!** oder **Schwips!** ist ein Ausruf beim Hinfallen. Ein ganz leichter Rausch ist ein **Schwipserl.**

Schwül, der Ein Rausch, der benebelt. Wer einen Schwül hat, dem sind auch Absurditäten zuzutrauen: »Sogar die → Tschecherln, in mein Schwül / verstehst, i sperrert s' zua …« – heißt es im Selbstgespräch eines Biertipplers von Josef Weinheber. Das Gedicht trägt den Titel »Waaßt? Net? Verstehst?«

sempern Hör auf zu sempern! Das sagt man in Österreich und Bayern, wenn jemand etwas in aufdringlicher Weise verlangt, insistiert, nörgelt, jammert. Wer das tut, der ist ein **Semperer.**

Stanglfåhrn, das Ein mundartlicher Ausdruck für eine Disziplin im alpinen Skilauf.

Steiger, der Ein Mann, der ständig Frauen nachsteigt. Er versucht sie für eine sexuelle Beziehung zu gewinnen, oft auf zudringliche Weise. Früher mundartlich auch als **Steignåchi** bezeichnet.

Steirerwagerl, das Vierte und letzte Kontrierungsmöglichkeit in einem Kartenspiel, nach Kontra, Re und Subre. Als Steirerwagerl wurde die ungemütliche vierte Klasse

Steiger

der Graz-Köflacher-Bahn bezeichnet. Es waren offene Waggons mit Holzbänken.

strawanzen, strabanzen, auch: **herumstrawanzen** sich herumtreiben, streunen, ziellos herumstreifen, vagabundieren. Das in Österreich und Bayern gebräuchliche Wort ist vielleicht eine Dehnform des mittelalterlichen Ausdrucks ***stranzen*** (= müßiggehen), auch eine Ableitung von italienisch ***stravagante*** (verschroben, überspannt) wird da und dort in Erwägung gezogen. In Bayern ist das Wort noch heute mit der Bedeutung sich wohlig strecken, dehnen in Gebrauch. Wer strawanzt, der ist ein **Strawanzer.** »Na, du kleiner Strawanzer!«, sagt man liebevoll zu einem Kind, das hin und wieder wegläuft.

sudern Wer dies tut, der ist ein **Suderant.** »Und das wird heute was Ordentliches in Donawitz oder das übliche **Gesudere?«,** fragte einst Alfred Gusenbauer bei der Abfahrt zu einer Parteiveranstaltung – nicht bemerkend, dass eine Kamera des ORF mitlief. Kommt von Sud, also ursprünglich:

leise wallend sieden. Ähnliche Bedeutung wie → måtschkern und → tschentschen.

Sumser, der So werden vor allem in Tirol nervige Sprachgewohnheiten genannt: eintönig reden, lästig bitten, jammern und quengeln. Ein Sumser ist ein Mann, der fortwährend sumst. Die weibliche Variante ist nicht eine Sumserin, sondern eine **Sumse.** Das Zeitwort **sumsen** ist eine Nebenform von summen.

Surm, der Ein dummer Mensch, ein primitiver Mensch vom Lande. Die Herkunft des Wortes ist unklar.

Taferlklassler, der So nannte man früher die Kinder der ersten Klasse Volksschule. Sie schrieben auf einer kleinen Tafel ihre ersten Worte auf.

Taferlklassler

taigatzen Das Wort wird nach der Lehrmeinung von jiddisch ***dájge*** (= Sorge, Kummer) abgeleitet; als Herkunftswort kommt auch mittelhochdeutsch ***tagen*** infrage, das schon damals unterhandeln und verhandeln bedeutet hat (vgl. das Gericht tagt); die Endung -atzen drückt eine Intensivierung oder eine Wiederholung aus. Damit ist die Bedeutung klar: bereden, (heimlich) ausverhandeln.

Tatzelwurm, der In Wien die Bezeichnung für einen Gelenkbus. Berühmt wurde im Jahr 1976 ein Tatzelwurm, der den Einsturz der Reichsbrücke nahezu unbeschadet überstand. Ein Foto, das den Bus, umflutet von den Wassermassen, zeigt, ging um die Welt. In einigen Städten Deutschlands werden lange Straßenbahngarnituren so ge-

Tatzelwurm

nannt. Im Volksglauben ist der Tatzelwurm eine Schlange mit Tatzen – also Füßen. Das Fabelwesen treibt sich vor allem in den alpinen Regionen herum.

Teschek, der Der Benachteiligte, der Ausgenützte. Oft wird das Wort von ungarisch ***tessék*** (= bitte sehr) abgeleitet; da aber die Ungarn – verglichen mit anderen Völkern der Monarchie – in Österreich nicht zu den Benachteiligten zählten, kann die Ableitung nicht stimmen. Herkunftswort ist kroatisch ***tèžāk,*** das heißt Bauer, Landarbeiter, aber auch Taglöhner und Schwerarbeiter. **Ich will nicht immer der Teschek sein!** heißt also: Ich will nicht immer die Drecksarbeit machen! Entweder es gibt schon in kroatischen Dialekten die Endung -ak oder die Österreicher haben das Wort an das Ungarische angeglichen.

Titschkerlein, das Ein altes Wort für Penis. Früher in der Soldatensprache Bajonett und Seitengewehr, in der Gaunersprache Taschenmesser. Das Verb **titschkerln** bedeutet – na was wohl?

tocketzen Pulsierend schlagen bzw. klopfen: die Adern in einer Wunde, das Blut im Kopf, der Kiefer im Umfeld eines schlechten Zahns oder das Herz eines aufgeregten Menschen. Der Mundartausdruck ist weit verbreitet, wobei tocketzen eine Intensivform von **tockern** und **tocken** ist. In dem lautmalenden Wort steckt ein beunruhigendes tock-tock-tock …

Topfinger, der Politisch korrekte Version des Topfennegers – so wird ein besonders hellhäutiger Mensch bezeichnet. Topfen ist das, was die Deutschen als Quark bezeichnen.

tramhapert Wer so bezeichnet wird, der ist benommen, unkonzentriert, verschlafen. Eigentlich: traumhäuptig.

Topfinger

Trapper, der Ein anstrengender Trab, Lauf. Außerdem in Österreich und Bayern ein Ausdruck für Fußspuren. Dazu das Zeitwort **trappen:** vom Menschen: mit schweren tappenden Schritten gehen; vom Pferd: traben. Im »Fiakerlied« von Gustav Pick heißt es gleich zu Beginn: »I führ' zwa → harbe Råppen, / mei' Zeug dös steht am Grab'n, / a so wie dö zwa tråppen / wer'ns net viel g'sehen hab'n ...« Die zweispännigen Pferdekutschen standen also damals am Graben, eine Straße, die vom Stephansdom zum Kohlmarkt bzw. zur Tuchlauben führt. Heute ist der Graben eine pferdefreie Fußgängerzone.

tratzen Vermutlich haben sich zwei Wörter im Mittelalter vermischt: Im Süden des deutschen Sprachraums sagte man damals schon reizen, im Norden hingegen triezen – und man meinte damit foppen und quälen. Und was ist daraus geworden? Das Verb tratzen – ein praktischer Ausdruck mit den Bedeutungen ärgern, erzürnen, necken, Schwierigkeiten machen. Das Wort wird in Wien genauso verwendet wie in Tirol und

München. Der langjährige Wiener Bürgermeister Michael Häupl warf einst der grünen Vizebürgermeisterin Maria Vassilakou vor, dass ihre Verkehrspolitik nur darin bestehe, »die Autofahrer zu tratzen«.

Trauminet, der Gebildet aus dem Satz: Ich traue mich nicht. Ein österreichisches Wort für einen überängstlichen Menschen – mit einem scherzhaften Unterton. Wenn ein Kind jede Auseinandersetzung meidet, sagt man: **Er ist ein kleiner Trauminet!** Entspricht eher dem Wort Hasenfuß als dem Wort Feigling.

Treberner, der Das ist ein Tresterbrand. Die Italiener sagen dazu Grappa. Das Wort **Treber** (– Trester) wird auch in Bayern verwendet, vor allem für Braurückstände, es ist mit dem Adjektiv trübe verwandt.

Trauminet

Troadmandl, das Aufgestellte Getreidegarben auf dem Feld. Als es noch keine Mähdrescher gab, wurde das mit der Sense geschnittene Getreide zu Garben gebunden und aufgestellt. Troad bzw. Getreide ist wörtlich das, was der Boden trägt, zu mittelhochdeutsch ***getregede*** (= das Getragene, der Ertrag). Seit dem 14. Jahrhundert die Bezeichnung für Kornertrag, dann für Korn überhaupt. Der Vokal -ei- wird in der Mundart zu -oa-. Die Vorsilbe Ge- löst sich in Luft auf: Troad.

trumsen Schwerfällig herumgehen, taumeln, wanken. Das Wort ist in mehreren Bundesländern verbreitet. Ein **Trumsler, Trumsl** oder **Trimmsler** ist ein etwas unbeholfener, begriffsstütziger, aber liebenswerter Mensch. Das vor allem in Tirol verbreite-

Troadmandl

te Zeitwort trumsen bedeutet: schwerfällig herumgehen, taumeln und wanken.

Trutsche, die Eine dumme, eingebildete Frau wird so genannt – die männliche Form, der **Trutsch,** wird vor allem in Bayern verwendet: für einen Tölpel. Die Herkunft ist unklar, die Ableitung vom Vornamen Trude ist fragwürdig.

Tschecherl, das; Tschocherl, das Kleines Gasthaus, oft auch als Bezeichnung für ein Lokal, in dem vor allem Hochprozentiges ausgeschenkt wird. Geht auf **tschechern** (= viel trinken) zurück, dieses wiederum auf den aus dem Jiddischen entnommenen Rotwelschausdruck *schecher* (= berauschendes Getränk) und aus jiddisch *schochar* (= trinken, sich berauschen).

Trutsche

tschentschen Bedeutet so viel wie raunzen. Redewendung: **Tua ned tschentschen!** – sagt der Kärntner zu jemandem, der fortwährend raunzt, weinerlich jammert, nörgelt. Das Wort kommt von italienisch ***cianciare*** (= schwafeln, quasseln, faseln). Heinz Sichrovsky hat in einer Kolumne in der »Kronen Zeitung« die Bundeshymne umgetextet: »Heimat, bist du großer Menschen / groß im Matschkern, Sudern, Tschentschen.« Wer fortwährend tschentscht, ist ein **Tschentscher.**

tschörteln Bedeutet so viel wie rennen. »Geh, tschörtl gschwind zum Automaten, i håb kane Tschick mehr!« Woher das Wort kommt? Keine Ahnung. Es fehlt in den Mundartwörterbüchern, aber viele österreichische Mundartsprecher verwenden es oder kennen es zumindest.

Tschriasche, der In Kärnten ein Schimpfwort für einen dummen Menschen. Übertragen von slowenisch ***črešnja*** (= Kirsche). »Du Kirsche!« klingt vornehmer als »Du Trottel!«

Tschur, der In Tirol ein Mann mit lockigem Haar, ein Krauskopf. Geht wohl auf mittelhochdeutsch *schern,* das Herkunftswort von scheren, zurück. **Tschurl** ist die Locke, **tschurecht** bedeutet kraushaarig, lockig.

Tschusch, der Ein Schimpfwort der Österreicher für Ausländer, vor allem vom Balkan oder aus der Türkei. Es geht nicht auf serbokroatisch *čuješ?* (= hörst du?) zurück, wie oft zu lesen ist, sondern ist von serbokroatisch *ćuš* abgeleitet, das früher in Bosnien-Herzegowina von Einheimischen als Ausruf verwendet worden war, um Lasttiere anzutreiben; die Treiber wurden Tschuschen oder Tschutschen genannt; erst später wurde daraus ein Schimpfwort. Das Gegenstück zu Tschusch ist › Schwabo.

Tschur

Unterläufel, der Ursprünglich ein Fußknecht, heute eine Person in einer untergeordneten Stellung.

verjankern Eigentlich: unter dem → Janker verbergen. Aber heute nicht im Sinn von etwas stehlen, sondern im Sinn von etwas verlegen und nicht mehr finden: Ich habe schon wieder meinen Kugelschreiber verjankert.

Vogerlsalat, der Hat nichts mit kleinen Vögeln zu tun. Ein Botaniker würde sofort an *Valerianella locusta* denken, die Pflanze gehört zur Gattung Feldsalat, diese zur Unterfamilie der Baldriangewächse. Was in Österreich als ein Vogerlsalat bezeichnet wird, nennt man in Schwaben Ackersalat, in Thüringen und Sachsen Rapunzelsalat, in

Vogerlsalat

Franken Schafsmäuler und in der Schweiz Nüsslisalat. In der Wiener Küche wird ein Erdäpfelsalat/Kartoffelsalat, mit einigen Blättern Vogerlsalat obendrauf, häufig zu einem Wiener Schnitzel serviert.

Vollholler, der Das Wort **Holler** bezeichnet nicht nur den Holunderbusch, es bedeutet auch Unsinn. Vollholler ist daher ein völliger Unsinn. Der frühere Bundeskanzler Christian Kern (SPÖ) gilt als Erfinder des Ausdrucks. Er bezeichnete die Flüchtlingspolitik des damaligen Außenministers Sebastian Kurz (ÖVP) mit der Zielsetzung, die Mittelmeerroute zu schließen, als »populistischen Vollholler«. Holler ist die österreichische und bairische Variante von Holunder. Im Mittelalter wurde dieser als ***holuntar***, ***holler*** oder ***holder*** bezeich-

voll Holler

net. Aus Holuntar ist Holunder geworden, die anderen Varianten haben sich in den Mundarten erhalten. Warum Holler die Bedeutung Unsinn angenommen hat, ist rätselhaft.

Vollkoffer, der Das Wort Koffer dient als abschätzige Bezeichnung für einen geistesschwachen Menschen. Vollkoffer ist eine Art Steigerungsstufe – nach dem Muster von Vollidiot.

Wahlvater, der Das ist der österreichische Ausdruck für Adoptivvater.

Wasserkopf Wien Wenn mit Wasserkopf nicht die Krankheit mit dem medizinischen Fachbegriff *Hydrozephalus* gemeint ist, soll damit ein übermäßig aufgeblähter Verwal-

tungsapparat gebrandmarkt werden. In Österreich meist als Kritik an der Bundeshauptstadt in Verwendung. Daher: Wasserkopf Wien.

Watschenmann, der Hölzerne, lebensgroße Figur im Wiener Prater, der man eine **Watschen,** also eine Ohrfeige gibt, wobei auf einer Skala die Intensität des Schlages angezeigt wird. Interessant ist die übertragene Bedeutung. Ein Watschenmann ist jemand, der immer wieder zum → Handkuss kommt, ein Sündenbock, ein Prügelknabe.

Wäuli, Wäule, Wöli, der In der Mundart ein Ausdruck für einen dummen, aggressiven Menschen. Die Herkunft des Wortes ist

Watschenmann

nicht hundertprozentig geklärt. Eine Ableitung von Wallach oder von der Spielkarte Welli ist unwahrscheinlich. Vielleicht gehört das Wort zu rebellisch, das mundartlich rewöhlisch ausgesprochen wird.

Werkelmann, der So nennt man in Österreich und in Bayern einen Straßenkünstler, der mit einer Kurbel ein kastenförmiges Instrument bedient; die Musik ist durch ein Steuersystem im Inneren programmiert. In Norddeutschland wird dieser Straßenkünstler Leierkastenmann genannt, sonst Drehorgelspieler.

Windelmercedes, der Ein scherzhafter Ausdruck für einen Kinderwagen – das Fahrzeug muss aber nicht besonders luxuriös

sein. Es hat auch keine Probleme mit den gesetzlichen Abgasnormen, selbst wenn die Windeln voll sind.

winnig, winni(ch) Ein altes deutsches Wort, das nur noch in den Mundarten existiert. Es hat mehrere Bedeutungen. Bei Hunden: tollwütig. Beim Menschen: (a) wütend (b) sexbesessen. Zu mittelhochdeutsch ***winnec, winnic*** (= wütend, rasend, toll).

Wunderwuzi, Wunderwuzzi, der Ein junger, dynamischer Mann, dem wundersame Fähigkeiten nachgesagt werden, der eine Partei, ein Unternehmen, einen Fußballklub wieder in die Erfolgsspur bringt, ein Hoffnungsträger also. Ein **Wuzi** oder **Wuzzi** ist ein kleines Kind oder etwas Klei-

Windelmercedes

nes, Zusammengeballtes: aus Wolle, Staub, Schmutz etc. Ursprünglich war also Wunderwuzi ein Wunderkind. Heutzutage spielt bei dem Ausdruck das Alter keine Rolle mehr.

wurln Bedeutet so viel wie wimmeln. Ein **Gewurl** ist zu umschreiben mit Gewimmel, Gewühle, Gedränge, Trubel, Durcheinander, reges Treiben … Das Wort wird auch in Bayern verwendet.

wuzeln Etwas drehen, wickeln, rollen; der auch in Bayern gebräuchliche Ausdruck ist ein bewegungsnachahmendes Wort – wie wuseln. Manche wuzeln Tschick, also Zi-

garetten, das heißt, sie kaufen Zigarettenpapier und befüllen es mit Tabak. Zweite Bedeutung: Tischfußball spielen. Der kastenförmige Spieltisch wird **Wuzeltisch** genannt, das Spiel selbst ist ein **Wuzler.**

Wuzerl, Wuzl, das Gehört zu wuzeln, was die Bedeutung Röllchen von Schmutz, Stoffresten etc. beweist. Aber Wuzerl ist auch eine kleine, dicke Person oder ein liebes, herziges Kind: **a siaßes Wuzerl**. Das Wort hat sich also mit Wuzi vermischt: kleines Kind; → Wunderwuzi.

Zauserl, das Ein Mädchen mit zerzausten Haaren wird abfällig so genannt. Kommt von dem seltenen gesamtdeutschen Wort zausen (= an etwas leicht zerren und in Unordnung bringen; an den Haaren zupfen).

Zauserl

Bekannter ist das Adjektiv zerzaust, in Österreich auch **zausig.**

zeitigen In der Standardsprache ist die Bedeutung des Wortes wohl allgemein bekannt: hervorbringen. »Nach vielen Jahren zeitigt die Arbeit positive Ergebnisse.« In den Mundarten hat sich eine alte Bedeutung aus dem Mittelalter erhalten: reifen. Ein Weinbauer sagte einmal zu uns: »'s Weimberl zeitigt, a wånn's im Brunn hängt.« Gemeint war: Die Weinbeere reift, auch wenn die Sonne nicht scheint.

Ziefer, der; Ziefer, die Ein lästiger, unangenehmer Mensch männlichen oder weiblichen Geschlechts. Mit Verkleinerungsendung: **das Zieferl:** ein wehleidiges, ungeschicktes Mädchen. Wir haben es hier mit demselben Wortstamm zu tun, der auch in dem Ausdruck Ungeziefer steckt. Ursprünglich war damit ein unreines Tier gemeint, vielleicht eines, das nicht zum Opfer geeignet ist. Im Norden Bayerns versteht man unter Ziefer ein Kleinvieh oder ein Federvieh.

zizerlweis In Österreich und in Bayern: kleinweise, nach und nach. Zu **Zitzerl:** etwas Kleines, vielleicht eine verselbstständigte Verkleinerung von Zitze oder zu italienisch *zizzola* (= Kleinigkeit), Zitzerl ist auch eine Bezeichnung für den Zaunkönig *(Troglodytes troglodytes),* den drittkleinsten Vogel Europas. Der Vogel heißt auch Schneekönig, weil er den ganzen Winter über singt. Daher die im ganzen deutschen Sprachraum übliche Redewendung: sich freuen wie ein Schneekönig.

Zuzlfleck, der In der alten Mundart ein Schnuller, weil früher ein Leinentuch zu einem Beutel zusammengeschnürt wurde – an diesem lutschten die Säuglinge und die Kleinkinder. Heute versteht man darunter etwas anderes: einen Saugfleck, also eine blutunterlaufene Stelle auf der Haut, die im Liebesspiel entstanden ist.

Zwetschkenkrampus, der Im wörtlichen Sinn eine aus Dörrzwetschken hergestellte Figur des Krampus, wie sie zur Nikolozeit angefertigt wird. Auch einen dürren, klapprigen Mann nennt man so.

zwiefeln Jemanden so behandeln, dass ihm die Augen tränen wie beim Schneiden von Zwiebeln: jemandem hartnäckig zusetzen, ihn quälen, peinigen, schikanieren usw. Die in Deutschland gebräuchliche Variante zwiebeln klingt in unseren Ohren fremd.

Kleines Sprachquiz

1) *Was ist ein Damenspitz?*

(a) ein schwacher Fußtritt,
ausgeführt von einer Frau

(b) eine besonders kalorienreiche
Mehlspeise

(c) ein kleiner Rausch,
den eine Frau hat

2) *Woher kommt das Wort Schmafu?*

(a) aus dem Jiddischen

(b) aus dem Französischen

(c) aus dem Spanischen

3) *Wie viele Bestandteile hat die in Vorarlberg gebräuchliche Zusammensetzung Gegagogabolla?*

(a) zwei

(b) drei

(c) vier

4) Wer auf die Leisch geht, …

(a) trauert

(b) vergnügt sich

(c) schläft ein

5) Harbe Rappen sind …

(a) bissig und bösartig

(b) klapprig und altersschwach

(c) lebhaft und kräftig

6) Wer am Wiener Würstelstand »Glåtte« bestellt, hätte gern …

(a) mehrere Scheiben Weißbrot

(b) Frankfurter Würstl

(c) Servietten

7) Das Kärntner Schimpfwort »Tschriasche« bedeutet im wörtlichen Sinn

(a) Pflaume

(b) Kirsche

(c) Birne

8) Was bedeutet »Das ist Nafta!«?

(a) Das ist ein guter Kauf!
(b) Das ist eine feine Überraschung!
(c) Das ist ein großer Dreck!

9) Wer tschörtelt, …

(a) säuft
(b) rennt
(c) schimpft

10) Woher kommt das Wort Lozelach?

(a) aus dem Jiddischen
(b) aus dem Polnischen
(c) aus dem Ungarischen

10 richtige Antworten:	Du bist a Jass!
9 oder 8 richtige Antworten:	Leiwånd.
7 oder 6 richtige Antworten:	Klass.
2 bis 5 richtige Antworten:	Guat.
1 richtige Antwort:	Genier' di!

Die richtigen Antworten: 1 c, 2 b, 3 b, 4 b, 5 c, 6 b, 7 b, 8 c, 9 b, 10 a

Martin Czapka *Robert Sedlaczek*

Robert Sedlaczek,
geb. 1952 in Wien, Studium der Germanistik, Anglistik und Publizistik, Dr. phil.; Autor zahlreicher Bücher über die Sprache (z. B. »Das österreichische Deutsch«, »Wörterbuch des Wienerischen«, »Das unanständige Lexikon«) und zu kulturgeschichtlichen Themen (»Die Tante Jolesch und ihre Zeit. Eine Recherche«, »Die Kulturgeschichte des Tarockspiels«). Schreibt wöchentlich eine Sprachkolumne in der »Wiener Zeitung«. robertsedlaczek.at

Martin Czapka,
geb. 1956 in Wien, Studium der Betriebswirtschaft an der Wirtschaftsuniversität Wien, Mag. rer. soc. oec.; seit 1976 selbstständig tätig als Grafiker, Designer und Illustrator. czapka.net

**Vom *Gurkerl* zum *Steirergoal*:
der österreichische Fußballjargon**

Wissen Sie, was *Eisenbahnerschmäh, Gurkerl, Holzgschnitzter, Randsteinservierer* und *Steirergoal* bedeuten? Hier haben Sie Gelegenheit, diese Bildungslücke zu füllen.

Robert Sedlaczek, erfolgreicher Sprachforscher, Kolumnist und Buchautor, erläutert in seinem heiteren Lexikon die österreichische Fußballersprache, humorvoll illustriert von Martin Czapka. Auch die Spitznamen von legendären österreichischen Fußballern und Trainern dürfen nicht fehlen: Den *Schneckerl* kennt ja ein jeder, aber wer war der *Blade,* der *Gschrapp,* der *Gselchte?* Und mit welchen Sprüchen werden uns Max Merkel und Ernst Happel für immer in Erinnerung bleiben? Tauchen Sie ein in die sprachliche Welt des österreichischen Fußballs – es gibt viel Amüsantes zu entdecken!

Robert Sedlaczek

Österreichisch fia Fuaßboifäns

Ein heiteres Lexikon illustriert von Martin Czapka

112 Seiten, mit zahlreichen Abbildungen

ISBN 978-3-99050-038-5

eISBN 978-3-903083-22-6

AMALTHEA

Ein Crashkurs in Österreichisch vom *Armaturenschlecker* bis zum *Zwickerbussi*

Was ist ein *Heckenklescher,* ein *Lercherlschas,* ein *Kokettierfetzen?* Warum sagen wir: »*Er sitzt wie ein Aff am Schleifstein*«? Was bedeuten die Wörter *matschkern, garetzen* und *hornigeln?*

Die österreichische Sprachlandschaft ist vielfältig und voller Überraschungen. Mit leichter Feder und in prägnanter Kürze erläutert Robert Sedlaczek Ausdrücke und Redewendungen der Standardsprache, der Umgangssprache und der österreichischen Mundarten. Ein heiteres Lexikon nicht nur für Einheimische und Ortsansässige, sondern auch für all jene, die nicht in der Alpenrepublik geboren sind und sich am Sprachwitz des österreichischen Wortschatzes erfreuen wollen.

Robert Sedlaczek

Österreichisch für Anfänger

Ein heiteres Lexikon illustriert von Martin Czapka

112 Seiten, mit zahlreichen Abbildungen

ISBN 978-3-99050-076-7

eISBN 978-3-903083-61-5

AMALTHEA

Bücher desselben Autors

Wörterbuch der Südtiroler Mundarten
(Koautor von Hans Moser),
Innsbruck 2015.

Die Kulturgeschichte des Tarockspiels.
Geschichten über Tarock und seine berühmten Spieler
(mit Wolfgang Mayr), Wien 2015.

Das unanständige Lexikon.
Tabuwörter der deutschen Sprache und ihre Herkunft (mit Christoph Winder),
Innsbruck 2014.

Die Tante Jolesch und ihre Zeit.
Eine Recherche (mit Melita Sedlaczek und Wolfgang Mayr),
Innsbruck 2013.

Das Radio-Tirol-Wörterbuch der Tiroler Mundarten
(Koautor von Hans Moser),
Innsbruck 2013.

Wiener Wortgeschichten.
Von Pflasterhirschen und Winterschwalben (mit Melita Sedlaczek und Reinhard Badegruber), Innsbruck 2012.

Wörterbuch des Wienerischen
(mit Melita Sedlaczek), Innsbruck 2011.

Wörterbuch der Alltagssprache Österreichs (mit Melita Sedlaczek), Innsbruck 2011.

Das österreichische Deutsch
(mit Melita Sedlaczek),
Wien 2004/Innsbruck 2014.

CHALLENGE
AUSTRIA
Teste Dein Wissen über Österreich!
Gewusst, getauscht, geraten?
Piatnik
VIENNA
20 EURO
10 EURO
5 EURO
2 EURO
1 EURO
Vorarlberg
Tirol
Wie heißt die Rebsorte Chardonnay in der Steiermark?
In welchem Jahr wurde die Gendarmerie in die Polizei eingegliedert?
Welcher Fußballer der Wiener Austria wurde Schneckerl genannt?

Unternehmen Sie mit Robert Sedlaczek und Martin Czapka eine Quizreise durch Österreich!

Wichtig bei diesem Spiel ist nicht nur das Wissen, sondern auch das Verhandlungsgeschick – und ein Quäntchen Glück beim Würfeln.

Besuchen Sie uns im Internet unter:
amalthea.at

Umschlaggestaltung, alle Abbildungen und Satz:
Martin Czapka, Wien

Lektorat:
Martin Bruny, Wien

Herstellung:
VerlagsService Dietmar Schmitz GmbH, Heimstätten

Gesetzt aus der 11 auf 13 pt Minion Pro
Printed in the EU

ISBN 978-3-99050-118-4